PERSONNAGES PRINCIPAUX

NARUTO UZUMAKI

LE NINJA LE PLUS
INTRÉPIDE ET, SURTOUT,
LE PLUS IMPRÉVISIBLE !

SASUKE UCHIWA

DESCENDANT DE LA CÉLÈBRE
LIGNÉE DES UCHIWA. DE CARACTÈRE
RENFERMÉ, IL RÊVE DE VENGER
L'HONNEUR DES SIENS.

SAKURA HARUNO

LA PETITE COQUETTE.
TOUTES SES PENSÉES SONT
CONSACRÉES AU BEAU ET
TÉNÉBREUX SASUKE.

KAKASHI

HAKU

ZABUZA

TAZUNA

EN COMPAGNIE DE SASUKE ET DE SAKURA, NARUTO, LE PIRE GARNEMENT DE L'ÉCOLE DES NINJAS DU VILLAGE CACHÉ DE KONOHA, POURSUIT SON APPRENTISSAGE.

À PRÉSENT QU'ILS FORMENT UNE ÉQUIPE D'APPRENTIS NINJAS, LES TROIS JEUNES GENS ACCOMPLISSENT DIFFÉRENTES MISSIONS. AINSI, ILS SONT CHARGÉS D'ESCORTER TAZUNA JUSQUE DANS SON PAYS : NAMI NO KUNI. TAZUNA EST UN ARTISAN DONT LA SPÉCIALITÉ EST LA CONSTRUCTION DE PONTS, ET SA VIE EST EN DANGER CAR UN INDUSTRIEL PEU SCRUPULEUX, DÉNOMMÉ GATÔ, A ENVOYÉ DES ASSASSINS À SA POURSUITE : ZABUZA ET HAKU NE TARDENT PAS À LANCER L'ATTAQUE !

ZABUZA, QUE L'ON CROYAIT MORT, TERRASSÉ PAR LE SHARINGAN DE KAKASHI, EST EN FAIT BIEN VIVANT ! UN TERRIBLE COMBAT S'EST ENGAGÉ ENTRE LES DEUX HOMMES, TANDIS QUE NARUTO ET SASUKE SONT AUX PRISES AVEC HAKU ! LES DEUX GARÇONS SE RETROUVENT PRIS AU PIÈGE DANS "LES MIROIRS DE GLACE" DE HAKU, ET SASUKE SE FAIT GRIÈVEMENT BLESSER EN PROTÉGEANT NARUTO : IL GÎT À TERRE...

NARUTO ·4·

sommaire

28e épisode

KYÛBI, LE DÉMON-RENARD À NEUF QUEUES...!

C'EST INCROYABLE ! QUELLE DÉCHARGE DE CHAKRA !!

ET QUELLE ÉMANATION MALÉFIQUE !

C'EST... C'EST IMPOSSIBLE ! SON CHAKRA S'EST MATÉRIALISÉ !!

FWUP

ウ
ウ

fwuu

ウ
ウ

FRSSHH

ウ
ウ

BRRMMMM

LES POUVOIRS DE CE GARÇON SONT STUPÉFIANTS...!!

SA MAIN...?! SES BLESSURES SE REFERMENT À VUE D'ŒIL !

UN CHAKRA CHARGÉ D'UNE TELLE VIOLENCE... OH ! MALHEUR !!

NON !!!

ZABUZA ...?!

BON SANG ! CE N'EST VRAIMENT PAS LE MOMENT...

NARUTO !!!

SE-RAIT-CE KAKA-SHI ?

NON... IL N'EST PAS SUFFISAM-MENT PUISSANT... MAIS ALORS, QUI ?

QU'EST-CE QUE C'EST ?! CETTE DÉCHARGE DE CHAKRA N'EST PAS HABI-TUELLE...

POURVU QUE LE SCEAU N'AIT PAS CÉDÉ !!

MAIS IL EST FRAGILISÉ... ET LE CHAKRA DE KYÛBI PARVIENT À FILTRER !

NOUS SOMMES SAUVÉS ! LE SCEAU N'EST PAS DÉTRUIT...

...

!

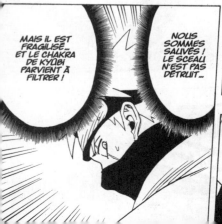

ÇA Y EST... JE LE SENS...

IL N'EST PAS ENCORE TROP TARD !!

NOUS N'AVONS PAS DE TEMPS À PERDRE, TOI ET MOI...

TU M'ENTENDS, ZABUZA...?

キッ！ GRRR！

WOOSh

iL CHARGE !!! ZAP

#ッ！

SKRRSHHHHH

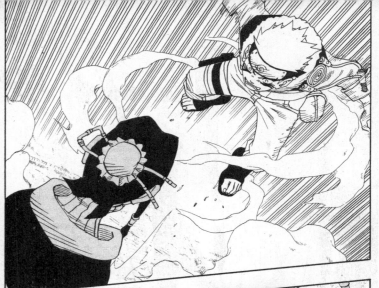

ZABUZA...

パラ

FLAP

LES MANGAS RATÉS DE MASASHI KISHIMOTO, N° 1

AKIRA

YÔICHI

KAORU

KATCHIN

YUMI

LES DESSINS CI-CONTRE SONT TIRÉS DE "MICHIKUSA" ("LES HERBES DU CHEMIN"), UN MANGA TOTALEMENT NUL, QUE J'AI DESSINÉ IMMÉDIATEMENT APRÈS AVOIR REÇU LE PRIX "HOPE STEP".

EN DEUX MOTS, C'EST L'HISTOIRE D'UN ÉCOLIER, DÉNOMMÉ AKIRA, ET DE SES AMIS KATCHIN ET KAORU QUI, UN BEAU JOUR, EN RENTRANT DE L'ÉCOLE, TROUVENT UN PORTEFEUILLE. ILS LE RAMASSENT ET... DÉPENSENT TOUT L'ARGENT POUR SATISFAIRE LEURS PETITES ENVIES. MAIS, MANQUE DE CHANCE, ILS SE RETROUVENT EMBARQUÉS DANS DES ENNUIS PAS POSSIBLES... UN PEU TROP BANAL POUR UN MAGAZINE QUI PUBLIE DES MANGAS SHONEN... CETTE PAUVRE SÉRIE A TOUT DE SUITE ÉTÉ SUPPRIMÉE !

C'EST LA PREMIÈRE FOIS QUE JE RENCONTRAIS UN TEL ÉCHEC ! MAIS, APRÈS TOUT... JE N'ÉTAIS ENCORE QU'UN NOVICE ! À L'ÉPOQUE, J'AI MÊME ÉTÉ PLUTÔT CONTENT QUE MON MANGA PASSE À LA TRAPPE, TOUT SIMPLEMENT PARCE QU'ON ENTEND SOUVENT LES MANGAKAS AGUERRIS RACONTER LEURS PREMIÈRES TENTATIVES INFRUCTUEUSES. DU COUP, CE PREMIER MANGA LOUPÉ M'A PERMIS DE PRENDRE TRÈS VIVEMENT CONSCIENCE QUE J'ÉTAIS, ENFIN, DEVENU MANGAKA !

JE ME SOUVIENS MÊME QUE J'ALLAIS ME VANTER DE L'ARRÊT DE MA SÉRIE, AUPRÈS DE MES AMIS. MAIS DEPUIS... J'AI BIEN CHANGÉ !

J'AI HORREUR DE L'ÉCHEC !! (RIRES)

29e épisode : L'ÊTRE CHER...!

FWOOOSH

HHHHHH

SKRAASHH

Krr

Krrr

JE TE RECON-NAIS... ON S'EST RENCON-TRÈS DANS LA FORÊT...

...

QU'AT-TENDS TU POUR ME FRAP-PER ?

...

MOI, IL Y A QUELQU'UN QUE JE VEUX PROTÉGER... QUELQU'UN DONT JE SOUHAITE VOIR LES RÊVES S'ACCOMPLIR...

ET C'EST ÇA, MON RÊVE À MOI!

EST-CE QU'IL Y A UNE PERSONNE À LAQUELLE TU TIENS?

HAA

CE N'EST PAS COMME ÇA QUE TU VAS ME TUER... OÙ EST PASSÉE LA FORCE INOUÏE QUE TU DÉGAGEAIS IL Y A À PEINE QUELQUES INSTANTS ...?

HUNG

!

MAIS AS-TU UNE IDÉE DE LA SOUFFRANCE QUE CELA REPRÉSENTE ?

PRIS DE PITIÉ POUR L'ENNEMI QU'ILS DEVRAIENT TUER...

... ILS DÉCIDENT DE LUI ÉPARGNER LA VIE.

NE FAIS PAS L'ERREUR QUE BEAUCOUP COMMETTENT!

DANS CE CAS, LA VIE ELLE-MÊME, EST UN SUPPLICE !

HUNG

SAIS-TU CE QUE C'EST, QUE DE VIVRE SANS RÊVE, SANS POUVOIR ÊTRE UTILE À PERSONNE ?

TU AS DÉTRUIT LA RAISON MÊME DE MON EXISTENCE.

ZABUZA NE S'ENCOMBRERA PAS D'UN FAIBLE...

SMILE

OÙ VEUX-TU EN VENIR...?

CE N'EST QU'UN MERCENAIRE SANS SCRUPULES, PAYÉ POUR FAIRE LE MAL !!

POURQUOI TE SACRIFIES-TU POUR LUI ?!

LES HOMMES DEVIEN-NENT VRAIMENT FORTS, LORS-QU'ILS ONT UN ÊTRE CHER À PROTÉGER.

!!

POURQUOI...?

...

C'EST CETTE ORDURE, L'ÊTRE CHER AUQUEL TU TIENS AUTANT ?!

AUTREFOIS, IL Y AVAIT D'AUTRES PERSONNES QUI M'ÉTAIENT CHÈRES...

...

!

C'ÉTAIT...

...

!

...

... MES PARENTS.

JE SUIS NÉ DANS UN PETIT VILLAGE, AU FIN FOND DES MONTAGNES ENNEIGÉES DE KIRI NO KUNI.

J'ÉTAIS TRÈS HEUREUX... MES PARENTS ÉTAIENT SI GENTILS...

... J'AVAIS À PEINE ATTEINT L'ÂGE DE RAISON...

... QU'UN ÉVÉNEMENT TRAGIQUE S'EST PRODUIT!

MAIS...

DU SANG ?!

DU SANG A COULÉ ...

...

DE QUOI S'AGIT-IL ?

UN ÉVÉNE-MENT... TRAGI-QUE ?

QUE S'EST-IL DONC PASSÉ ?!

RA-CON-TE-MOI...

...

MON PÈRE A TUÉ MA MÈRE !

ET ENSUITE... IL A AUSSI ESSAYÉ DE ME TUER !

CO... COMMENT !!!

... SI BIEN QU'ELLES ONT ACQUIS LA RÉPUTATION D'ATTIRER LES GUERRES ET LES MALHEURS.

LES FAMILLES DOUÉES DE TELS POUVOIRS, ONT ÉTÉ LARGEMENT EXPLOITÉES À DE TRÈS NOMBREUSES OCCASIONS...

DES POUVOIRS HÉRÉDITAIRES...?

L'HISTOIRE DE KIRI NO KUNI EST DÉCHIRÉE PAR D'INNOMBRABLES CONFLITS INTÉRIEURS. LÀ-BAS, CEUX QUI POSSÈDENT DES POUVOIRS HÉRÉDITAIRES, SONT HAÏS ET REJETÉS !

OUI, DES POUVOIRS COMME LES MIENS, QUI SE TRANSMETTENT DE GÉNÉRATION EN GÉNÉRATION.

TOUTES LES FAMILLES DOTÉES DE POUVOIRS HÉRÉDITAIRES, SUSCITENT LA CRAINTE...

CE GARÇON A DÛ, LUI AUSSI, CONNAÎTRE DES MOMENTS DIFFICILES.

SI LEUR SECRET VENAIT À ÊTRE DÉCOUVERT... LA MORT LES ATTENDAIT !

APRÈS CHAQUE GUERRE, CES FAMILLES ÉTAIENT OBLIGÉES DE SE CACHER POUR VIVRE EN PAIX.

...ET MON PÈRE A FINI PAR L'APPRENDRE...

MA MÈRE ÉTAIT LA DESCENDANTE D'UNE DE CES FAMILLES...

JE VEUX RÉTABLIR L'HONNEUR DE MON CLAN, ET IL Y A UN HOMME QUE JE DOIS TUER.

QUAND J'AI REPRIS MES ESPRITS, C'EST LUI QUI ÉTAIT MORT... ET C'EST MOI QUI L'AVAIS TUÉ ! MON PROPRE PÈRE...!

...

IL N'Y A RIEN DE PLUS TERRIBLE...

ET JE N'AI PAS EU LE CHOIX !

... JE ME SUIS RETROUVÉ COMPLÈTEMENT SEUL.

À CE MOMENT-LÀ...

... PERSONNE, ABSOLUMENT PERSONNE, N'A BESOIN DE TOI.

C'EST AFFREUX DE SE DIRE QUE...

RIEN DE PLUS TERRIBLE ?!

MAIS... CE QU'IL DIT... C'EST CE QUE J'AI TOU-JOURS RES-SEN-TI !

!!

... CETTE PERSONNE DEVIENDRA POUR TOI, L'ÊTRE LE PLUS CHER AU MONDE!

MAIS JE SUIS SÛR QUE, SI UN JOUR, TU RENCON-TRES QUELQU'UN QUI TE RECONNAÎT TRÈS SINCÈRE-MENT...

DEVENIR LE PLUS FORT NINJA DE TON VILLAGE! POUR QUE TOUT LE MONDE RECONNAISSE TA VALEUR!

L'AUTRE FOIS, TU M'AS DIS QUEL ÉTAIT TON RÊVE...

ALORS QUE TOUT LE MONDE ME REJETAIT, LUI M'A DIT QUE JE LUI SERAIS UTILE...

ZABUZA ÉTAIT PARFAITEMENT AU COURANT DE MES POUVOIRS HÉRÉDITAIRES, ET C'EST POUR ÇA QU'IL M'A PRIS AVEC LUI.

!!

SUIS-MOI !

À PARTIR D'AUJOUR-D'HUI, TON SANG ET TA VIE M'APPAR-TIENNENT !

ÇA M'A FAIT SI PLAISIR ...!!

POUR RÉUSSIR, CE N'EST PAS DES ENCOURA-GEMENTS OU DES APITOIE-MENTS QU'IL ME FAUT... NON, CE QU'IL ME FAUT C'EST...

JE SAIS ...

MAIS UN JOUR, JE REVIENDRAI ! ET CE JOUR-LÀ, JE SERAI LE MAÎTRE DU PAYS TOUT ENTIER !!!

C'EST DOM-MAGE, HAKU... CE SOIR, JE QUIT-TERAI LE VIL-LAGE...

EMMÈNE-MOI AVEC TOI, ET JE TE SERVIRAI COMME LA PLUS EFFICACE DES ARMES !

SOIS TRANQUILLE, ZABUZA... JE SERAI TON ARME...

PARDON, ZABUZA... J'AI ÉCHOUÉ... JE N'AI PAS ÉTÉ À LA HAUTEUR...

BRAVE PETIT...

HMM...

TUE-MOI !

VAS-Y...

NARUTO...

!

SCROMB

FUIAP

CRUNCH

KCHAC

!!!

SCRAAAB

...JE PEUX ENCORE UTILISER MON NEZ !

SI JE NE PEUX TE DÉTECTER, NI AVEC MES YEUX, NI AVEC MES OREILLES...

C'EST QUOI, TOUT CE VACARME...?

!

HUNG!!

WHAM

CE QUE TU
VIENS DE VOIR
EST UNE
TECHNIQUE DE
FILATURE.

DANS LE
BROUILLARD,
MES YEUX
SONT
AVEUGLES,
MAIS JE NE
SUIS PAS
NEUTRALISÉ
POUR
AUTANT...

AINSI, TES ARMES ÉTAIENT IMPRÉGNÉES DE MON SANG.

SI JE T'AI LAISSÉ, PAR DEUX FOIS, PORTER TES ATTAQUES QUE J'AI PARÉES EN ME BLESSANT, C'EST POUR POLIVOIR LA LANCER...

AVEC ÇA, TU NE POUVAIS PAS ÉCHAPPER À MES CHIENS NINJAS.

HUNG~

HUNG~

TU T'ES FAIT PRENDRE À MON PIÈGE, SANS MÊME T'EN APERCEVOIR...

LEUR FLAIR EST PLUS AFFÛTÉ QUE N'IMPORTE QUEL ANIMAL !

JE VOIS TON AVENIR : LA MORT !

LE BROUILLARD S'EST LEVÉ.

CES DESSINS SONT TIRÉS
D'UN MANGA QUI S'EST PRIS
UNE GAMELLE SPECTACULAIRE :
"ASIAN PUNK"!

C'EST UNE HISTOIRE ASSEZ
CLASSIQUE DE CHASSEURS
DE FANTÔMES.

LE HÉROS EST UN PETIT
GARÇON, OU PLUTÔT UN PETIT
ANDROÏDE, AVEC UNE ÉNORME
HACHE ; IL LUTTE CONTRE UN
MÉCHANT MEUNIER QUI UTILISE
LES MAUVAIS ESPRITS... ENFIN,
BREF! VOILÀ EN GROS DE QUOI
ÇA PARLE...

QUE CE SOIT "ASIAN PUNK", OU
"KARAKURI" (AVEC LEQUEL J'AI
REMPORTÉ UN CONCOURS), OU
ENCORE "NARUTO", TOUS LES
HÉROS DE MES HISTOIRES SONT
DE JEUNES GARÇONS. MÊME À
MON ÂGE, JE SUIS TOUJOURS
FASCINÉ PAR LES GRANDES
AVENTURES DE CES JEUNES
PERSONNAGES...

ÇA SUFFIT AVEC TES PRÉDIC-TIONS À LA NOIX !

ALORS COMME ÇA, MON AVENIR, C'EST LA MORT ?

TU ES COMPLÈTEMENT PARALYSÉ, TU NE PEUX PLUS RIEN FAIRE.

TOUT DOUX...

TA MORT EST INÉVITABLE.

TU ES ALLÉ UN PEU TROP LOIN !

ZABUZA...

LES NOMBREUX ASSASSINATS QUE TU AS COMMIS, ET PUIS LE COUP D'ÉTAT RATÉ QUI T'A OBLIGÉ À T'EXILER AVEC QUELQUES HOMMES... TOUT ÇA T'A RENDU CÉLÈBRE...

APRÈS QUE TU AS DÉSERTÉ KIRI NO KUNI, IL N'A PAS FALLU LONGTEMPS POUR QUE TA RÉPUTATION PARVIENNE À KONOHA...

TES AMBITIONS ÉTAIENT TROP DÉMESURÉES...

...

...TU AS BESOIN DE FONDS POUR FINANCER TA REVANCHE, ET SEMER LES CHASSEURS DE DÉSERTEURS QUI SONT À TES TROUSSES, PAS VRAI ?

ET SI TU T'ES ACOQUINÉ AVEC CETTE CRAPULE DE GATÔ, C'EST PARCE QUE...

BROOOM

BROOOM

FWAP

FWAP

FWAP

SBATCH

"L'ÉCLAIR POUR-FEN-DEUR"!!

TU ES TROP DANGEREUX ~

KRISp — KRISp

LE CHAKRA QUI SE CONCENTRE DANS SA MAIN EST VISIBLE À L'OEIL NU...

QU... QU'EST-CE QUE C'EST ?!

!!

TOUT LE MONDE, ICI, ATTEND L'ACHÈVEMENT DE LA CONSTRUCTION DU PONT DE TAZUNA.

CELUI QUE TU DEVAIS TUER EST LE PERSON-NAGE LE PLUS PHILAN-THROPE DE CE PAYS.

CE N'EST PAS UNE CONDUITE DIGNE D'UN VRAI SHINOBI...

ET TU SERAIS PRÊT À SACRIFIER TOUS CES GENS POUR RÉALISER TES PLANS ?!

ET ÇA N'EST PAS PRÈS DE CHANGER !!

QU'EST-CE QUE TU VEUX QUE ÇA ME FASSE ? JE ME SUIS TOUJOURS BATTU UNIQUEMENT POUR MES PROPRES INTÉRÊTS...

LAISSE TOMBER...

HEIN ?

JE TE LE RÉPÈTE UNE DERNIÈRE FOIS !

... JUSTE PARCE QUE TU AS PERDU ?!

JE NE SUIS PAS D'ACCORD !! POURQUOI DEVRAIS-TU MOURIR...

TU POURRAIS PROUVER TA VALEUR PAR UN AUTRE MOYEN QUE LES ARMES...

IL N'Y A PAS QUE LE COMBAT...

···

ALORS, JE SUIS SÛR QUE TU COMPRENDS CE QUE JE RESSENS...

···

LORSQUE NOUS NOUS SOMMES RENCONTRÉS DANS LA FORÊT, J'AI TOUT DE SUITE SU QUE NOUS NOUS RESSEMBLIONS, TOI ET MOI...

TU ES SÛR QU'IL N'Y A PAS D'AUTRE SOLUTION...?

ALORS, C'EST DÉCIDÉ...?

DÉSOLÉ DE TE FAIRE FAIRE CE SALE BOULOT...

CERTAIN !!

KIITSS

QUE TU RÉALISERAS TON RÊVE...

J'ES-PÈRE...

TWUSH!

PASHh

54

SASUKE AUSSI, AVAIT DES RÊVES À ACCOMPLIR...

LUI AUSSI...

EN D'AUTRES CIRCONSTANCES, NOUS AURIONS PU DEVENIR AMIS.

DASH

GNID

JE SUIS SÛR QUE TU DEVIENDRAS TRÈS FORT !

MERCI !

CETTE MÉGA-PURÉE DE POIX COMMENCE À SE DISSIPER...

HMM...

ELLES SONT FACE À FACE...

LÀ-BAS ! J'APERÇOIS DEUX SILHOUETTES !

!

ILS ONT BOUGÉ !!!

!!

AH !!

JE NE PARVIENS PAS À DISTINGUER...

LEQUEL DES DEUX EST MAÎTRE KAKASHI ?

56

SBASH !

PARDON, NARUTO !

QUOI !

FWUP

IL ME RESTE UNE MISSION À ACCOMPLIR AVANT DE MOURIR...!

SBASH

SBASH

SCRUUP

!

GLURB!!!

GLOUPS

!

ZA...
ZABUZA...

DÉCIDÉMENT !
TES
PRÉDICTIONS
NE VALENT
RIEN, MON
PAUVRE
KAKASHI...

ALORS,
COMME
ÇA, C'EST
LA MORT
QUI
M'ATTEND
?!!

HÉ HÉ

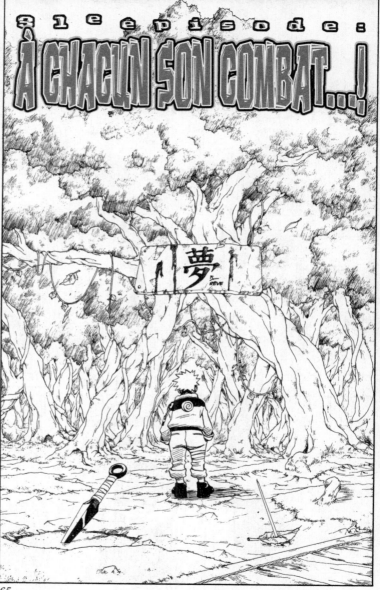

C'EST MOI, INARI !!

BOM

Giichi ! OUVRE-MOI !

BOM BOM

DÉSOLÉ, INARI... IL Y A LONGTEMPS QUE NOUS AVONS RENONCÉ À NOUS BATTRE...

HAA

HAA

IL FAUT ALLER SUR LE PONT !!

SI NOUS Y ALLONS TOUS ENSEMBLE, NOUS POUVONS VAINCRE GATÔ !!

NOUS N'AVONS PLUS ENVIE DE VIVRE AVEC DES REGRETS...

SI NOUS ESSAYONS DE RÉSISTER, CELA NE FERA QU'AUGMENTER LE NOMBRE DES VICTIMES.

NOUS N'AVONS PAS ENVIE DE PERDRE D'AUTRES ÊTRES CHERS.

!

MÊME TON PÈRE...

... CELUI QUE NOUS CONSIDÉRIONS TOUS COMME UN HÉROS... EST MORT !

... QU'IL FAUT SE BATTRE !

C'EST POUR ÇA...

MOI NON PLUS, JE NE VEUX PAS VIVRE AVEC DES REGRETS !

...

...

...

... ET TOUS LES AUTRES... JE VOUS AIME TOUS, MOI...

MA MAMAN, PÉPÉ TAZUNA, GRAND-PÈRE GIICHI...

TÂCHE DE VIVRE SANS REGRET...

... JE SAIS QU'IL FAUT SE BATTRE !

JE NE SUIS QU'UN ENFANT, MAIS...

TU N'ES ENCORE QU'UN ENFANT !

テウ'
STAP
テウ
STAP

INARI ! REVIENS ICI TOUT DE SUITE !

ガ''
チャ YLAM

...

JE NE SUIS PAS LE FILS DE PAPA POUR RIEN !

!

JE NE M'ÉTAIS MÊME PAS APERÇU QUE LE BROUILLARD S'ÉTAIT DISSIPÉ...

!

キョ口

OÙ EST-IL PASSÉ ?!

キョ口

BON SANG...

SCRUTT SCRUTT

DASH

LÀ-BAS !!

HEIN?

QUE S'EST-IL PASSÉ ICI...?!

QUE...

!!

HAA

HAA

HAA

slash

LE GARÇON AU MASQUE ...?

IL S'EST JETÉ DEVANT MA MAIN POUR PROTÉGER ZABUZA...

GNUP

TRÈS BON BOULOT, HAKU !

HÉ HÉ...

...

...

IL S'EST SACRI- FIÉ...

IL VIT...

...SES DER-NIERS INS-TANTS.

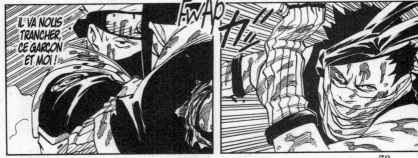

IL VA NOUS TRANCHER, CE GARÇON ET MOI !

FWAP !!

JE VAIS LE TUER...

ズ!! GRRR

HÉ HÉ... IL EST MORT JUSTE À TEMPS POUR QUE TU PUISSES ESQUIVER MON COUP... DOMMAGE !

STAP

STUP
スツ..

NARUTO... TU RESTES EN DEHORS DE ÇA, COMPRIS !

!

NARUTO ?

!

C'EST
À MOI
QUE
REVIENT
CE
COMBAT
!!!

SAKURA !!

NARUTO !!
TOUT VA
BIEN ?

!!

NARUTO !! OÙ EST SASUKE !!!

SASUKE N'EST PAS AVEC TOI ?

TIENS ?

...

?

...

DASH

!!

!!

KAKASHI ! TU NE DEVRAIS PAS RELÂCHER TON ATTENTION !!

...

...

MERCi !

TON MAITRE NE TE PUNiRA PAS Si NOUS Y ALLONS ENSEMBLE.

JE VAiS T'ACCOM-PAGNER...

CETTE FOIS, CE N'EST PAS...

... UNE ILLUSION ...!

IL EST FROID...

ズッ
FWUP

J'AVAIS TOUJOURS LES MEILLEURES NOTES AUX EXAMENS DE L'ACADÉMIE DES NINJAS...

JE...

NE TE RETIENS PAS PARCE QUE JE SUIS LÀ... N'AIE PAS HONTE DE PLEURER...

JE ME SOUVIENS D'UNE QUESTION QUI S'EST TROUVÉE DANS UN CONTRÔLE, UN JOUR...

J'AI APPRIS PAR CŒUR TOUTES LES RÈGLES À SUIVRE... C'ÉTAIT MA FIERTÉ...

!

?!

BIEN SÛR, JE CONNAISSAIS LA RÉPONSE...

"QUELLE EST LA 25ᵉ RÈGLE DU CODE DES NINJAS ?"

!

"L'ACCOMPLIS-
SEMENT DE
LA MISSION
PASSE AVANT
TOUT. LE
NINJA N'A PAS
LE DROIT DE
VERSER DES
LARMES..."

"EN QUELQUE
SITUATION
QUE CE SOIT,
UN NINJA NE
DOIT JAMAIS
LAISSER
TRANSPARAÎTRE
SES
ÉMOTIONS..."

...

OUAHH!! OUAHH!!

PLOC

PLIC

WHAAA!!!

グｯｯ

HHUNNGH

VOICI DONC
COMMENT
SONT FORMÉS
LES NINJAS...
C'EST
VRAIMENT
TERRIBLE...

SASUKE-

POURQUOI...
POURQUOI
EST-IL
TOUJOURS
PLUS
RAPIDE...?

HAA

HAA

HAA

HAA

YAAAH!!!

DASH

SHAAA!!!

HUMPF...

TU NE TE RENDS MÊME PAS COMPTE DE TON INFÉRIORITÉ ...

QUOI?!

TU N'AS PLUS LA MOINDRE CHANCE DE ME VAINCRE, ZABUZA...

HMM... NOUS ALLONS BIEN VOIR LEQUEL DE NOUS DEUX EST SUPÉRIEUR ...

92e ÉPISODE : UNE ARME NOMMÉE "SHINOBI"...

KSHAAM

!

カリカリッ

FWIP

ARGH!!!

ELLMO

PLOC
ボタ

PLOC
ボタ

...

VOILÀ QUI EST FORT DÉCEVANT...

TOC

QUELLE DÉSASTREUSE DÉFAITE...

TU NE PEUX PLUS LANCER AUCUNE TECHNIQUE.

À PRÉSENT, TES DEUX BRAS SONT HORS D'USAGE !

UNGH-

!

ZABUZA!!!

ZOM

ZOM

ZAAAM

HÉ HÉ HÉ... MES PLANS ONT QUELQUE PEU CHANGÉ...

ENFIN, DISONS PLUTÔT QUE C'EST CE QUE J'AVAIS PRÉVU DÈS LE DÉPART...

VOICI DONC LE FAMEUX GATÔ...

QU'EST-CE QUE TU VIENS FAIRE ICI...? ET QUE FONT TOUS CES HOMMES AVEC TOI ...?!

GATÔ...

ET OUI ! CAR, VOIS-TU, JE N'AI JAMAIS EU L'INTENTION DE TE PAYER...

QUOI ?!

C'EST ICI QUE TU VAS MOURIR, ZABUZA...

JE N'AI PLUS DE RAISON DE TUER TAZUNA.

PAR CONSÉQUENT, NOUS N'AVONS PLUS DE RAISON DE NOUS BATTRE.

GAAH AHAH

NOTRE COMBAT S'ARRÊTE LÀ...

EXCUSE-MOI, KAKASHI...

UH AHAHAH

!!

GYAA AHAHAH

JE SUIS D'ACCORD AVEC TOI.

AHAHAH

AHAHA

QUOI?

C'EST JUSTE...

J'AI UNE DETTE ENVERS TON AMI.

CRTOISP

!

!

AU FAIT...

TAP TAP

TOC

TOC

IL M'A PRESQUE BROYÉ LE BRAS, LA DERNIÈRE FOIS...

FTOP

HÉ ! QU'EST-CE QUE TU FAIS, TOI !!

IL EST DÉJÀ CREVÉ !

SBOM

PEUH !!!

DIS QUELQUE CHOSE, TOI !! C'ÉTAIT TON AMI, NON ?!

OURGH!!!

DU CALME ! TU NE VOIS PAS COMBIEN ILS SONT ?! N'AGIS PAS AVEC PRÉCIPITATION !

DASH

SNAP !

LORS- QU'ILS ONT UN ÊTRE CHER À PRO- TÉ- GER.

LES HOMMES DEVIEN- NENT VRAIMENT FORTS...

IL T'AIMAIT SINCÈ- REMENT !!!

Y A-T- IL UN ÊTRE QUI T'EST CHER ?

C'EST DIFFICILE POUR MOI D'ÊTRE UN VRAI NINJA!

ET TOI, TU N'ÉPROUVES RIEN DU TOUT ?!

EST-CE QU'IL FAUT RENONCER À TOUS SES SENTIMENTS POUR DEVENIR FORT COMME TOI ?!

"QUE JE SUIS DE- VE- NU NIN- JA.

C'EST POUR L'AIDER À RÉA- LISER SON RÊVE...

COMMENT EST- CE POSSIBLE ?! COMMENT PEUX- TU ÊTRE SI INSENSIBLE ?!

JE NE VIS QUE...

..POUR L'AIDER À RÉALISER SON RÊVE.

IL A DONNÉ SA VIE...

..POUR TE PROTÉGER !!!

C'EST AFFREUX DE LE TRAITER COMME UN VULGAIRE OBJET...

ÇA M'A FAIT SI PLAISIR !!!

IL N'AVAIT MÊME PAS DE RÊVE À LUI...

PLIC

PLOC

PETIT...

...

VRAIMENT AFFREUX...

94

GNAP

QUE...

STAP

DASH

YAAA!!!

DAASH

JE COMPTE SUR VOUS !

ALLEZ-Y !! TUEZ-LES TOUS !!

STAP STAP !

...IL S'IMAGINE POUVOIR NOUS BATTRE ?

CE TYPE EST FOU ! IL EST À MOITIÉ ESTROPIE ET...

UN
DÉMON
!!!

UN...

!

STUCK

STUCK
STUCK

STUCK

CRÈVE
!!!

98

TU AS ENCORE LA FORCE DE PARLER...?

HE HE...

TSS

HÉLAS! JE NE LE VERRAI PAS LÀ-BAS... LUI, IL EST AU PARADIS...

VA DONC REJOINDRE TON AMI EN ENFER !!

...JE T'EMMÈNE AVEC MOI !!

... MAIS JE N'IRAI PAS SEUL EN ENFER !

TU VAS AVOIR TOUTE L'ÉTERNITÉ POUR VOIR DE QUOI EST CAPABLE TON "PETIT DIABLOTIN" !!

!!

ZAM

HAAA!!

... LE SURNOMMÉ "DÉMON DE KIRI NO KUNI" DEVIENDRA UN VÉRITABLE DÉMON !!

URGH!!

ET ÇA RISQUE DE NE PAS TE PLAIRE, CAR UNE FOIS LÀ-BAS...

SLASH

GYAAH !!

  JE VEUX RESTER AVEC TOI POUR TOUJOURS.

ET...
PAR-
DONNE-
MOI...

MERCI...
POUR
TOUT...

A...
ADIEU,
HAKU...

ENCORE UN MANGA QUI EST PASSÉ À LA TRAPPE ! C'EST UNE HISTOIRE DE BASE-BALL, TRÈS SOBREMENT INTITULÉE "YAKYÛ-Ô" ("LE ROI DU BASE-BALL").

COMME JE PRATIQUAIS CE SPORT LORSQUE J'ÉTAIS PLUS JEUNE, J'AI PENSÉ QUE ÇA POUVAIT ÊTRE UNE BONNE IDÉE...

À CETTE ÉPOQUE, JE VENAIS TOUT JUSTE D'ESSUYER UN REFUS, AVEC UN SCÉNARIO METTANT EN SCÈNE UN JEUNE GARÇON DOUÉ DE SUPER POUVOIRS : J'AI DONC DÉCIDÉ DE CHANGER D'ORIENTATION ET DE ME TOURNER VERS UN MANGA DE SPORT.

MAIS EN COURS DE RÉALISATION, JE ME SUIS APERÇU QUE MES DESSINS PRENAIENT UN TOUR TROP RÉALISTE, SANS DOUTE PARCE QUE JE ME BASAIS SUR LE MONDE DU BASE-BALL, TEL QUE JE L'AVAIS MOI-MÊME CONNU PLUS JEUNE...

J'AI FINALEMENT DÛ RENONCER, CAR L'HISTOIRE ÉTAIT BEAUCOUP TROP BRUTALE ET PAS ASSEZ ATTRACTIVE POUR FIGURER DANS UN MAGAZINE DE TYPE "SHONEN".

TOUTEFOIS, CONTRAIREMENT AUX AUTRES MANGAS RATÉS QUE JE VOUS AI PRÉSENTÉS, J'AIME TOUJOURS BEAUCOUP CES ESQUISSES. IL M'ARRIVE MÊME DE REGRETTER DE NE PAS AVOIR PU PUBLIER CE MANGA...

LE PONT DES HÉROS !

CONTEMPLE LA FIN DE CET HOMME QUI S'EST FAROUCHE-MENT BATTU POUR VIVRE...!

NE DÉTOUR-NE PAS LES YEUX...!

D... D'ACCORD...

...

UUHH-

JE... JE...?!

UUH-

SAKURA ...?!

UUH-

UUH-

SUIS-JE MORT ?

SASUKE-

BOM !!!

UH-

UH-

?

BRRRLL
フルフル

!!

WHAAAAAAAAAAA!!!

SNAP
バツ

!

SASUKEE!!

SASUKE!
SASUKE!!

SNIFF
ぶわあ
PFWAAA

SNIFF
SNIFF

...

SASUKE... NE ME SERRE PAS COMME ÇA, TU ME FAIS MAL...

OUPS!

PA... PARDON...

JE SUIS CONTENT POUR TOI, SAKURA...

QUANT AU GARÇON MASQUÉ, IL EST MORT...

NARU-TO VA BIEN !

NE BOUGE PAS !

ET OÙ... OÙ EST PASSÉ LE TYPE AVEC LE MASQUE ?

HNNG 47"

!!

OÙ EST NARUTO ...?

...

JE VOIS ...

N... NON...

JE... JE NE SAIS PAS TROP CE QUI S'EST PASSÉ, MAIS IL EST MORT EN PROTÉGEANT ZABUZA...

TU VEUX DIRE QUE C'EST NARUTO QUI L'A TUÉ...?

MORT...?!

!!

...

NON...

J'ÉTAIS SÛRE QUE TU AVAIS RÉUSSI À ÉVITER QUE LES DARDS TRANSPERCENT TES POINTS VITAUX ! TU ES SI FORT !!

J'EN ÉTAIS CERTAINE, TU SAIS...

...QUI S'EST ARRAN-GE EXPRÈS...

C'EST LUI...

!!

IL EST BIEN VIVANT !!

SASUKE EST SAIN ET SAUF !!

SAKURA !!

!

NARUTO!!!

GLUPS !

AH... AH...

BON SANG... SI J'AVAIS SU...

IL ÉTAIT TROP GENTIL.

HAKU NE SE BATTAIT PAS SEULEMENT POUR MOI... ÇA L'E FAISAIT TERRIBLEMENT SOUFFRIR DE DEVOIR SE BATTRE CONTRE VOUS...

SASUKE CHÉRI !!

SASUKE EST EN VIE ! JE ME FAISAIS DU SOUCI...

ME VOILÀ BIEN RASSURÉ D'AP-PRENDRE QUE...

!! !

DITES DONC LÀ !!!

ON N'VOUS DÉRANGE PAS AU MOINS !!

STAC

Z-AM

110

MULTI-CLONA-GE !!

WHUP
ワル

FWUP
スッ

PARFAIT !
JE VAIS
VOUS
PRÊTER
MAIN
FORTE !

... JE PEUX
SÛREMENT
LES BLUFFER
AVEC LE PEU
DE CHAKRA
QU'IL ME
RESTE...

FWUP

S'ILS
S'AF-
FOLENT
POUR
SI PEU
...

AH
...

WHAAAAAAM

MULTI-CLONAGE !!!

VERSION KAKASHI

ALORS...? VOUS ÊTES PRÊTS ?

Hiiiiiiiiii !!

WHAAA !!
ON
S'TIRE !!

NOON !!
PAS
PRÊTS !!

HOURRAAA !!!

STAP

POF
POF

POF

OUAIS

C'EST
FINI
...

KAKASHI !?

... VOIR LE... VISAGE... DE HAKU ...

JE... VOU-DRAIS...

QU'EST-CE QUE C'EST ...?

KA-KASHI... J'AI UNE FAVEUR À TE DEMAN-DER ...

D'ACCORD ...

FWIP

...

...

IL NEIGE !

HMM ?

FWAP

TU PLEURES ?...

HAKU...

DE LA NEIGE EN CETTE SAISON ...?

TU AS TOUJOURS... ÉTÉ À MES CÔTÉS

MAIS CETTE FOIS, C'EST... L'HEURE... DES ADIEUX...

MERCI... KAKASHI ...

SI C'ÉTAIT... POSSIBLE, J'AIMERAIS... VENIR AVEC... TOI LÀ-HAUT...

MAIS... JE N'AURAI... PAS CETTE CHANCE...

VOUS SEREZ ENSEMBLE...!

SOIS SANS CRAINTE, ZABUZA...

VRAIMENT-

IL ÉTAIT... LUI-MÊME AUSSI... PUR QUE LA NEIGE...

IL... IL M'A DIT... QU'IL NEIGEAIT BEAUCOUP DANS... LE VILLAGE OÙ... IL EST NÉ...

SNIF!

FWUP
スウ…

PATCH
パチィ—AÏE !

DEUX SEMAINES PLUS TARD…

NE T'ÉTONNE PAS SI LES DIEUX TE PUNISSENT !

HE HE

GRRR

TU N'AS PAS HONTE DE VOLER LES OFFRANDES DES MORTS ?!

EST-CE QUE TOUS LES NINJAS DOIVENT SE COMPORTER COMME LE DISAIENT ZABUZA ET HAKU… ?

HMM ?

MAÎTRE KAKASHI…

…

DITES…

EH BEN ! EH BEN ! MOI… ÇA N'ME PLAÎT PAS DU TOUT !!

C'EST DONC ÇA, DEVENIR UN VRAI NINJA… ?

CETTE RÈGLE EST LA MÊME DANS NOTRE PAYS DE KONOHA…

"IL NE VIT QU'EN TANT QU'INSTRUMENT, POUR SON PAYS"…

"UN NINJA DOIT FAIRE ABSTRACTION DE SA PERSONNE, ET NE PAS VIVRE POUR LUI-MÊME…"

…

GRÂCE À VOUS, J'AI PU ACHEVER NOTRE PONT...

MAIS ON VA MÉGA S'ENNUYER SANS VOUS...

POM

C'EST... C'EST PROMIS...?

HEIN...?

BRR BRR

7ル

7ル

MERCI POUR TOUT !

ALLONS ! VOUS INQUIÉTEZ PAS, M'SIEUR TAZUNA ! ON R'VIENDRA VOUS VOIR !

COMME TU VEUX...

FWIP

SALUT...

STAP

POURQUOI TU N'PLEURES PAS, TOI, NARUTO ?!

PAS QUESTION !!!

ZZZM

じゃあ...?

...

... TU N'AS QU'À PLEURER !

QU'EST-CE QUI T'ARRIVE, INARI...? SI TU ES TRISTE...

BRRLL

AH !

119

QUEL PLEURNI-CHEUR !

BWAAA

BWAAAA

HMM...
JE CROIS
QUE J'AI
JUSTEMENT
UNE BONNE
PROPOSITION
...

À PROPOS
DU PONT...
IL VA FALLOIR
LUI DONNER
UN NOM...

C'EST GRÂCE
À NARUTO, QUE
NOUS AVONS
RETROUVÉ
NOTRE COURAGE
ET LA FORCE DE
CONSTRUIRE
NOTRE
PONT !

CE GARÇON A
COMPLÈTEMENT
CHANGÉ NOTRE
PETIT INARI...
ET GRÂCE À
INARI, TOUS
LES HABITANTS
DE NOTRE
VILLE ONT
CHANGÉ...

OH !
ON PEUT
SAVOIR ?

"LE GRAND
PONT DE
NARUTO"
VOUS EN
PENSEZ
QUOI ?

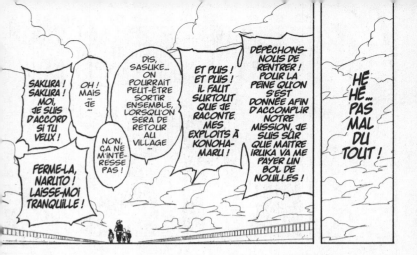

SAKURA ! SAKURA ! MOI, JE SUIS D'ACCORD SI TU VEUX !

FERME-LA, NARUTO ! LAISSE-MOI TRANQUILLE !

OH ! MAIS JE...

DIS, SASUKE... ON POURRAIT PEUT-ÊTRE SORTIR ENSEMBLE, LORSQU'ON SERA DE RETOUR AU VILLAGE...

NON, ÇA NE M'INTÉRESSE PAS !

ET PUIS ! ET PUIS ! IL FAUT SURTOUT QUE JE RACONTE MES EXPLOITS À KONOHAMARU !

DÉPÊCHONS-NOUS DE RENTRER ! POUR LA PEINE QU'ON S'EST DONNÉE AFIN D'ACCOMPLIR NOTRE MISSION, JE SUIS SÛR QUE MAÎTRE IRUKA VA ME PAYER UN BOL DE NOUILLES !

HÉ HÉ... PAS MAL DU TOUT !

HÉ HÉ... BIEN SÛR ! AVEC UN NOM PAREIL, NOTRE PONT NE RISQUE PAS DE S'ÉCROULER !!!

QU'EST-CE QU'ON FAIT ALORS ? ON OPTE POUR CE NOM...?

NOUS NE POU-VONS QUE L'ESPÉ-RER...

ET PUIS, UN JOUR VIENDRA PEUT-ÊTRE, OÙ LE NOM DE "NARUTO" SERA CONNU DANS LE MON-DE ENTIER...!

GOOD MORNING ! SAKURA !!

AH !

...

PELIH !

...

! ZOM

!

!

YEAAAHH !!

?

RAAH... VOILÀ QUE ÇA RECOMMENCE ! ILS SONT COMME ÇA DEPUIS QUE NOUS SOMMES REVENUS DE NAMI NO KUNI...

TU PARLES D'UNE AMBIANCE...

DÉPÊCHE-TOI D'AR- -RIVER, MAÎTRE KAKASHI !!!

C'EST PAS POSSIBLE D'ÊTRE EMPOTÉ À CE POINT !

ÇA T'APPRENDRA À VOULOIR TROP EN FAIRE !

MISSION ACCOMPLIE...

UUH...

SCRUM

SCRUM

KZZM

...

PEUH!!!

CALME-TOI, SINON JE T'ACHÈVE !!

TU ME BONFLES, ZAZUGE !!

!

GRR

SI T'EN AS MARRE QUE JE TE SAUVE LA VIE À CHAQUE FOIS...

FERME-LA! MINABLE...

OUAIS ! C'EST JUSTEMENT ÇA LE PROBLÈME ! C'EST SASUKE QUI FOUT EN L'AIR TOUT LE TRAVAIL D'ÉQUIPE À TOUJOURS VOULOIR PRENDRE LE BEAU RÔLE !!

LE TRAVAIL D'ÉQUIPE N'EST PAS AU TOP EN CE MOMENT...

HMM...

!!

C'EST PAS COM- PLIQUÉ...

...TU N'AS QU'À DEVENIR PLUS FORT QUE MOI !

RAS-LE-BOL DE CES MISSIONS RIDICULES, ALORS QUE LE MONDE EXTÉRIEUR GROUILLE DE TYPES PLUS FORTS QUE MOI...

SMACK

LEURS RAPPORTS SE DÉGRA- DENT DE PLUS EN PLUS...

!

SPOM

shwip

FWII FLLLLP

ピィーヒョロー

127

JE NE FAIS PRATIQUE- MENT RIEN PENDANT LES MISSIONS...

IL A RAISON... JE SUIS NULLE...

ZAZA
STAP STAP

HMM ?

F.WOOSH

T'OCCUPE PAS DE LUI, SAKURA ! ALLONS NOUS ENTRAÎNER ENSEMBLE !

GRRR

MAÎTRE KAKASHI EST PARTI... AURAIT-IL COMPRIS QU'IL FALLAIT NOUS LAISSER SEULS ?

UNE PIERRE ? C'EST RIDI- CU- LE... ?

HMM ?!

STOP
ピタ

ALLONS-Y !! SASUKE N'A QU'À BIEN SE TENIR ! L'ENTRAÎNEMENT, C'EST TOUT CE QUI COMPTE POUR MOI... ?

FRRT FRRT
ゴンゴン

SWUP
クル

FRRT
ゴン

T'ES LIBRE MAINTENANT, CHEF ?!

ET ALORS ? QU'EST-CE QUE VOUS ME VOULEZ ?

T'AS VU COMMENT IL NOUS PARLE ?

TU ES BIEN DÉDAIGNEUX AVEC NOUS, CES TEMPS-CI !!

QU'EST-CE QUI TE PREND DE DIRE "PEUH..." ?

PEUH...

!

QUOI ! MAIS TU NOUS AVAIS PROMIS DE JOUER AUX NINJAS AVEC NOUS !!

SI JE COMMENCE À JOUER AVEC EUX, ILS NE VONT PLUS ME LÂCHER DE LA JOURNÉE...

OUPS ! J'AVAIS COMPLÈTEMENT OUBLIÉ...

L'EN-TRAÎ-NE-MENT M'AT-TEND !!!

NON !!!

FWIP

...

ドヨ〜ン BVIOOOM

HMM... UN NINJA QUI JOUE AU NINJA AVEC DES GAMINS...

STEP

DIRE QUE JE SUIS PLUS NULLE QUE LUI ...

QU... QU'Y A T-IL ...?

SCRUTT

!

QU'EST-CE QU'ELLE A, À LE DÉVORER DU REGARD COMME ÇA...?

ELLE ME DÉVISA-GE... JE SUIS GÊNÉ !

DIS, NARUTO, C'EST QUI CETTE FILLE ?

!!

FWIP

C'EST TA COPINE !

ALLEZ, C'EST BON ! JE SAIS QUE ...

HEIN ?

J'AI PIGÉ ! BIEN JOUÉ, NARUTO !

SDOM

HÉ HÉ HÉ

N'IM-PORTE QUOI !!!

VOYONS, LES ENFANTS ! VOUS ÊTES TROP PERSPICACES POUR VOTRE ÂGE...

SPAK

FLAP

SKRAAM

BLOM

NARUTO !!

WHOOOO

CHEF ! ÇA VA, CHEF ?! OH NON ! IL EST MORT !!

GROS BOUDIN !!

ÇA VA PAS LA TÊTE, NON ?!

GRRR

KONOHA-
MARU...
ÇA VA...?

ELLE EST
COMPLÈTEMENT
FOLLE, CELLE-LÀ !
POUR QUI SE
PREND-ELLE AVEC
SON GROS FRONT
PROTUBÉRANT...
PAS VRAI,
NARUTO ?

AÏE
AÏE
AÏE !

AOUCH!!!

HUNG !!!

TU POURRAIS FAIRE ATTENTION, SALE MIOCHE !

KONOHA-MARU !!

EXCUSEZ-LE, C'EST DE MA FAUTE ...

D'OÙ ILS SORTENT, CES DEUX-LÀ ...?

LAISSE-LE ! ON VA ENCORE SE FAIRE ENGUEULER !

VOILÀ DONC À QUOI RESSEM-BLENT LES ASPIRANTS DE KONOHA

HÉ ! GROS TAS ! REPOSE-LE PAR TERRE TOUT DE SUITE !!

LÂCHE-LE !!!

HUNG... GNUP

ON VA POUVOIR S'AMUSER UN PEU AVANT QUE NOTRE RÂLEUR ARRIVE...

WHAAA !!

ZOOP

KZZZM

FWIP

ZAM

POURQUOI SONT-ILS LÀ...

ALORS... ILS NE SONT PAS D'ICI...

LES ASPIRANTS NINJAS DE KONOHA SONT DE GROS RINGARDS !

PLUTÔT DÉCEVANT...!

?

COMMENT A-T-IL FAIT ÇA ?!

SI JE VOUS AI TOUS CONVOQUÉS, C'EST POUR UNE RAISON PRÉCISE.

ÇA NOUS LAISSE PEU DE TEMPS POUR NOUS PRÉPARER...

POUR DANS UNE SEMAI-NE...

J'AI APERÇU QUELQUES ÉTRAN-GERS EN VILLE.

LES AUTRES PAYS ONT DÉJÀ ÉTÉ PRÉVENUS, N'EST-CE PAS ?

LE TEMPS EST DONC DÉJÀ VENU...

POUR QUAND EST-CE, EXACTE-MENT ?

VOUS AVEZ SANS DOUTE DÉJÀ DEVINÉ DE QUOI IL S'AGIT.

FEU

...DÉBUTERA L'EXAMEN DE SÉLECTION DES NINJAS DE CLASSE MOYENNE !

BIEN... JE VOUS L'ANNON-CE DONC OFFICIEL-LEMENT...

LE PREMIER JOUR DE LA SEPTIÈME LUNE, SOIT DANS SEPT JOURS EXACTEMENT...

PFFFF

85 EPISODE: IRUKA VS. KAKASHI ?!

KONOHA-MARU !!

EST-CE QUE ÇA VA ?!

SI TU NE LE REPOSES PAS À TERRE IMMÉDIATE-MENT, TU VAS AVOIR AFFAIRE À MOI GROS TAS !! ABRUTI !!

ÇA SUFFIT, GROS PORC !!

JE... J'AI MAL...

TU COM-MENCES À ME CHAUFFER, TOI...

GNAP

À QUOI BON ÉNERVER L'ADVER-SAIRE !

NE FAIS PAS L'IDIOT !!

142

!!

QUE'

HUNG !!!

GNUP

DÉJÀ, AU DÉPART, JE NE SUPPORTE PAS LES MORVEUX.

ALORS, QUAND, EN PLUS, ILS SONT IMPERTINENTS... JE SUIS PRIS DE PULSIONS MEURTRIÈRES...

OH NON... JE NE VEUX PAS ÊTRE IMPLIQUÉE LÀ-DEDANS...

!!

GNUP

T'AFFOLE PAS ! ... QUAND ♡ J'EN AURAI TERMINÉ AVEC LUI, ÇA SERA TON TOUR !

BON SANG... CE TYPE EST UN PSYCHOPATHE ...

ORDURE !!

GWUP

FWOOSH !!

SDAM

NON !!!

144

POUR COMMENCER, QUE LES MAÎTRES DES NOUVEAUX ASPIRANTS S'AVANCENT...

BIEN...

HOKAGE

ZAM

Y A-T-IL CERTAINS DE VOS ÉLÈVES QUE VOUS AIMERIEZ RECOMMANDER POUR CET EXAMEN ?

ALORS ?...

KAKASHI, KURENAÏ, ET ASUMA...

...DU MOMENT QU'IL A DÉJÀ ACCOMPLI 8 MISSIONS AU MINIMUM.

...JE VOUS RAPPELLE QU'EN PRINCIPE, VOUS POUVEZ RECOMMANDER N'IMPORTE QUEL ÉLÈVE...

VOUS LE SAVEZ DÉJÀ, MAIS...

COMMENÇONS PAR ÉCOUTER KAKASHI...

LA QUESTION NE SE POSE PAS POUR NARUTO... IL N'EST PAS ENCORE MÛR.

IL EN VRAI QU'EN GÉNÉRAL, ON PRÉFÈRE QU'ILS EN AIENT ACCOMPLI LE DOUBLE.

KAKASHI HATAKE, MAÎTRE EN CHARGE DE L'ÉQUIPE 7, COMPOSÉE DE SASUKE UCHIWA, NARUTO UZUMAKI, ET SAKURA HARUNO...

JE LES RECOMMANDE TOUS LES TROIS POUR L'EXAMEN DE SÉLECTION DES NINJAS DE CLASSE MOYENNE.

TOUT COMME MON CONFRÈRE, JE RECOMMANDE LES TROIS.

KURENAI YÛHI, MAÎTRE EN CHARGE DE L'ÉQUIPE 8, COMPOSÉE DE HINATA HYÛGA, KIBA INUZUKA, ET SHINO ABURAME.

QUOI?!

HMM... VOILÀ QUI EST FORT RARE...

JE RECOMMANDE, MOI AUSSI, MES TROIS ÉLÈVES.

ASUMA SARUTOBI, MAÎTRE DE L'ÉQUIPE 10, COMPOSÉE D'INO YAMANAKA, SHIKAMARU NARA, ET CHÔJI AKIMICHI.

MAÎTRE HOKAGE !

JE PROTES- TE !

QU'Y A- T-IL, IRUKA ?

A... ATTENDEZ UNE MINUTE !

HOKAGE

147

JE RECONNAIS VOLONTIERS QU'ILS SONT TOUS TRÈS DOUÉS, MAIS IL EST TROP TÔT POUR QU'ILS PARTICIPENT À L'EXAMEN.

VOUS PENSEZ SANS DOUTE QUE CE NE SONT PAS MES AFFAIRES, MAIS JE CONNAIS BIEN LES 9 ÉLÈVES QUI ONT ÉTÉ NOMMÉS...

POUR LA BONNE RAISON QUE C'EST MOI QUI LES AI FORMÉS À L'ACADÉMIE.

PEUT-ÊTRE ! MAIS NARUTO N'EST PAS COMME TOI !

LORSQUE JE SUIS DEVENU "MOYENNE CLASSE", J'AVAIS SIX ANS DE MOINS QUE NARUTO.

JE NE COMPRENDS PAS L'AVIS DE LEURS MAÎTRES.

IL SERAIT PLUS RAISON- NABLE D'ATTENDRE QU'ILS AIENT ACQUIS PLUS D'EXPÉ- RIENCE...

ET PUIS, TANT PIS S'ILS SE FONT ÉCRASER ...

LES MIENS SONT TOUJOURS EN TRAIN DE RÂLER LORS DES MISSIONS MOINS IMPORTANTES... ÇA NE LEUR FERA PAS DE MAL, DE SE RETROUVER FACE À UN PEU D'ADVER- SITÉ...

QU... QUOI ?!

CET EXAMEN PRÉSENTE BEAUCOUP TROP DE RISQUES !

VOUS VOULEZ LES BRISER OU QUOI ?!

148

DISPA-
RAISSEZ !

HMM...
ENCORE
UN MINUS
COMME
JE LES
DÉTESTE
...

T'AS
ÉTÉ
NAZE,
NARUTO !

...ALORS QUE
JE TE FAISAIS
CONFIANCE !

KYAAA !!
QUELLE CLASSE !!

MAUDIT SASUKE ! POURQUOI FAUT-IL TOUJOURS QU'IL SE RAMÈNE AU MOMENT CRUCIAL ?!

PEUH !

MAIS NON, MAIS NON ! JE L'ÉCLATE QUAND JE VEUX, CE GROS BALOURD !

SHUP

C'EST LES PETITS PRÉTENTIEUX DE TON GENRE QUE JE DÉTESTE LE PLUS...

DESCENDS DE TON PERCHOIR, NABOT !

ZAM

ARRÊTE ÇA, KANKURÔ !

!!

HÉ ! TU NE VAS PAS UTILISER KARASU QUAND MÊME ?!

TOP

GA...
GAARA
...

SES TECHNIQUES DE DÉPLACEMENT SONT DU NIVEAU DE CELLES DE KAKASHI...

JE... JE NE L'AI MÊME PAS ENTENDU ARRIVER... ALORS QU'IL EST JUSTE À CÔTÉ DE MOI... !

MAIS GAARA... CE SONT EUX QUI M'ONT PROVOQUÉ, JE T'ASSURE...

CE N'EST PAS POUR ÇA, QUE NOUS SOMMES VENUS AU VILLAGE CACHÉ DE KONOHA...

J'EN AI ASSEZ QUE TU DÉCLENCHES DES BAGARRES PARTOUT OÙ NOUS ALLONS...

... SI TU NE VEUX PAS QUE JE TE TUE !

TAIS-TOI...

GLUPS

D'A... D'ACCORD... JE SUIS DÉSOLÉ...

PA... PARDON...

VRAIMENT DÉSOLÉE...

CE TYPE EST FORT... CE N'EST PAS TOUT LE MONDE QUI PEUT FRAPPER KANKURÔ AVEC UNE PIERRE...

!!

DÉSOLÉ POUR L'INCIDENT !

JE N'AIME PAS SON REGARD...

C'EST DONC LUI QUI COMMANDE...

JE...
JE SAIS...

JE VOUS RAPPELLE QUE NOUS NE SOMMES PAS VENUS ICI POUR NOUS AMUSER, COMPRIS ?

FWUP

VOUS NE M'ATTENDIEZ PAS SI TÔT, PAS VRAI ?

!

...JE CROIS COMPRENDRE QUE VOUS VENEZ DU VILLAGE CACHÉ DE SUNA NO KUNI.

QU'Y A-T-IL ?

D'APRÈS VOTRE BANDEAU FRONTAL...

UN INSTANT !

ALLONS-Y !!!

!

NOUS SERONS PEUT-ÊTRE OBLIGÉS DE VOUS EMPÊCHER D'ALLER PLUS LOIN...

DITES-NOUS CE QUE VOUS ÊTES VENUS FAIRE ICI !

...IL ME SEMBLE QU'UN ACCORD VOUS INTERDIT DE PÉNÉTRER SUR NOTRE TERRITOIRE !

BIEN QUE NOS DEUX PAYS SOIENT LIÉS PAR UN TRAITÉ D'AMITIÉ...

!

NE ME DITES PAS QUE VOUS N'ÊTES PAS AU COURANT ?!

VOILÀ ! NOTRE LAIS-SEZ-PAS-SER !

ALORS ÇA ! C'EST LA MEILLEURE !

UN EXAMEN DE SÉLECTION... ?

...

NOUS SOMMES VENUS PASSER L'EXAMEN DE SÉLECTION DES NINJAS DE CLASSE MOYEN-NE.

NOUS SOMMES DES APPRENTIS NINJAS, ET NOUS VENONS EFFECTIVEMENT DU VILLAGE CACHÉ DE SUNA NO KUNI...

VOUS NE SAVEZ DONC RIEN DU TOUT...? L'EXAMEN DE SÉLECTION DES NINJAS DE CLASSE MOYENNE EST UNE SÉRIE D'ÉPREUVES, QUI RASSEMBLE LES APPRENTIS NINJAS DE KONOHA ET DES PAYS LIMITROPHES...

SI LES NINJAS DE TOUS LES VILLAGES CACHÉS SE RÉUNISSENT POUR CET EXAMEN, C'EST PRINCIPALEMENT AFIN DE CONSOLIDER LES RELATIONS AMICALES ENTRE NOS PAYS, ET POUR CONTRIBUER À L'AMÉLIORATION MUTUELLE DU NIVEAU DES SHINOBIS. MAIS LA VÉRITÉ, C'EST QUE CHAQUE PAYS EST SOUCIEUX DE PRÉSERVER LE JUSTE ÉQUILIBRE DES FORCES...

POUR-QUOI FAIT-ON ÇA ENSEMBLE ?

SASUKE
UCHIWA !

HMM...

J'EN
N'AI
RIEN À
FAIRE
...

ON
S'EN
VA !

FLIP

ET MOI ?!
ET MOI ?!
HEIN ?!
VOUS VOULEZ
SAVOIR
MON NOM,
PAS VRAI ?!

ÉVIDEM-
MENT !
COMPARÉ
À SASUKE
...

SOIS
FRANC,
KONOHA-
MARU :
J'AI L'AIR
FAIBLE ?

HMM !
ÇA
DEVIENT
INTÉRES-
SANT !

sniff

QU'EST-
CE QUI
T'ARRIVE
TOUT À
COUP ?!

J'T'AURAI,
SASUKE !
J'VAIS PAS
M'LAISSER
FAIRE !!

QU'EN
PENSES-
TU ?

NOUS GARDERONS
UN ŒIL SUR CE
SASUKE UCHIWA
ET CE GAARA
DU DÉSERT...
IL NE FAUT PAS LES
SOUS-ESTIMER.

RIEN
D'EXTRA-
ORDINAIRE...
MAIS IL
VAUT MIEUX
ÊTRE
PRUDENTS...

LES PETITES HISTOIRES SANS GRAND INTÉRÊT DE MASASHI KISHIMOTO

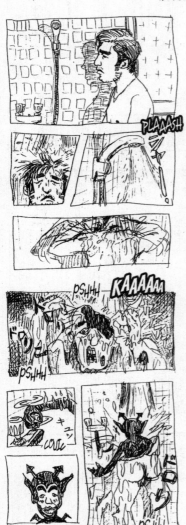

C'EST KOISHI, UN DE MES AMIS DE LA FAC, QUI A DESSINÉ LE MANGA EN HUIT CASES CI-CONTRE. CE MANGA A TOUTE UNE HISTOIRE.

LORSQUE J'ÉTAIS AU LYCÉE, JE DESSINAIS DÉJÀ DES MANGAS, MAIS JE N'AVAIS AUCUN AMI AVEC QUI PARTAGER MA PASSION. PLUS TARD, À L'UNIVERSITÉ, IL Y AVAIT UN "CERCLE D'ÉTUDE DU MANGA", MAIS LES GENS QUI ÉTAIENT LÀ-DEDANS, NE FAISAIENT QUE DESSINER DES ILLUSTRATIONS QU'ILS SE MONTRAIENT LES UNS LES AUTRES, POUR SE FÉLICITER MUTUELLEMENT : CE N'ÉTAIT PAS DE VRAIS DESSINATEURS DE MANGAS. J'AI DONC PRÉFÉRÉ NE PAS FRÉQUENTER CES "IMPOSTEURS", ET JE SUIS RESTÉ TOUT SEUL, À DESSINER DANS MON COIN...

ET PUIS, UN BEAU JOUR, J'AI RENCONTRÉ UN TYPE QUI PRÉTENDAIT AVOIR DESSINÉ BEAUCOUP DE VRAIS MANGAS DURANT SES ANNÉES DE LYCÉE. COMME J'AVAIS DES DOUTES, JE VOULAIS M'ASSURER QU'IL NE ME RACONTAIT PAS N'IMPORTE QUOI.

JE LUI AI DONC PROPOSÉ DE ME DESSINER, SUR LE CHAMP, UN MANGA EN DEUX PAGES. IL S'EST EXÉCUTÉ, ET IL M'A DESSINÉ LES CASES QUE VOUS POUVEZ VOIR SUR LA GAUCHE. C'ÉTAIT LA PREMIÈRE FOIS QUE JE VOYAIS QUELQU'UN DESSINER UN VRAI MANGA, JUSTE À CÔTÉ DE MOI. ENCORE AUJOURD'HUI, JE CONSERVE PRÉCIEUSEMENT CES DEUX PAGES...

FIN

DIS DONC... T'AS ENTENDU LA NOUVELLE ?

96ᵉ ÉPISODE :
LA DÉTRESSE DE SAKURA...

ÇA DOIT JUSTE ÊTRE UNE PETITE HISTOIRE DE QUERELLES ENTRE LEURS FORMATEURS...

FLUP

FLUP

PAS POS-SIBLE !

IL VA Y AVOIR DES BLEUS À L'EXAMEN CETTE ANNÉE... C'EST LA PREMIÈRE FOIS DEPUIS 5 ANS !

FWUSH

ENFIN, QUOI QU'IL EN SOIT...

OH... ÇA PROMET, ALORS !

SNAP

NON... IL PARAÎT QUE, PARMI EUX, IL Y AURA LES TROIS ÉLÈVES DE KAKASHI.

STAC

...ILS VONT EN BAVER !

36e ÉPISODE 8
LA DÉTRESSE DE SAKURA...

DOWN

HAAAA...

MÈRE !!

IL NE PENSE PAS AUX JEUNES FILLES QUI-N'ONT-MÊME-PAS-EU-LE-TEMPS-DE-PRENDRE-UN-BAIN-PARCE-QUE-SINON-ELLES-AURAIENT-ÉTÉ-EN-RETARD-AU-RENDEZ-VOUS !!

OUAIS ! T'AS RAISON, SAKURA ! JE SUIS D'ACCORD AVEC TOI !!

C'EST LUI QUI NOUS CONVOQUE, ET À CHAQUE FOIS, IL EST EN RETARD !!

C'EST PAS POSSIBLE, ÇA !!

EN VOILÀ UNE

DWASH

CES DEUX-LÀ... ILS SONT EXCITÉS DÈS LE MATIN !

GRRR GRRR

GRRR

T'ES VRAIMENT CRADINGUE !!

Hi Hi

JE N'AI MÊME PAS EU LE TEMPS DE ME DÉBARBOUILLER, NI DE ME BROSSER LES DENTS !!

OUAIS ! C'EST BIEN VRAI, ÇA ! MOI AUSSI, JE ME SUIS RÉVEILLÉ EN RETARD !

DÉSOLÉ, JE ME SUIS ENCORE ÉGARÉ...

MENTEUR!!!

VOUS N'AVEZ DONC PAS DE REMORDS ?!

!!

HOP ! SALUT LES JEUNES !

BIEN, BIEN...

!

...

HEIN?!

...J'AI DÉCIDÉ DE VOUS RECOMMANDER POUR L'EXAMEN DE SÉLECTION DES NINJAS DE CLASSE MOYENNE.

WHAM

ÇA VA VOUS SURPRENDRE, MAIS...

VOICI LES FORMULAIRES D'INSCRIPTION.

FORMULAIRE CLASSE MOYENNE

ZoOm

DE TOUTE FAÇON, JE SUIS SÛR QUE C'EST ENCORE DU FLAN !

VOUS POUVEZ RÉPÉTER ?!

164

HE
HE
HE
HE

...

HÉ !
LÂCHE-
MOI !

♪VOUS
ADORE,
MAÎTRE
KAKASHI !!

BASH

... ET DÉPOSEZ-
LE À
L'ACADÉMIE,
SALLE 301,
AVANT DEMAIN
16 H 00.

SI VOUS
VOUS
DÉCIDEZ,
SIGNEZ CE
FORMULAIRE
...

MAIS JE
N'AI FAIT
QUE VOUS
RECOMMANDER,
VOUS
N'ÊTES PAS
OBLIGÉS DE
PARTICIPER.

VOUS
ÊTES
ENTIÈREMENT
LIBRES DE
VOTRE
CHOIX.

ZAP !

VOILÀ !
VOUS
SAVEZ
TOUT !

À TOUS LES COUPS, IL VA Y AVOIR PLEIN DE TYPES SUPER BALÈZES !

MUFUFUFUFUFUFU ! ON VA PASSER L'EXAMEN ! ON VA PASSER L'EXAMEN !

STAP

STAP

PEU IMPORTE ! JE NE LAISSERAI PERSONNE ME BATTRE !!

!

ET PUIS LUI, BIEN SÛR !!

FWP

GRRR

LUI, PAR EXEMPLE !

FWIP

XEAAAH

WHAAAA

JE SUIS BIEN FORCÉ DE CÉDER MA PLACE À NARUTO...

HI HI HI

PLACE AUX JEUNES, LES VIEUX À LA RETRAITE !

TSSS

UN GARÇON QUI SE FAIT DES ILLUSIONS

JE SERAI À DEUX PAS DU TITRE DE HOKAGE !!!

SI JE PASSE BRILLAMMENT CET EXAMEN...

JE POURRAIS PEUT-ÊTRE ME BATTRE CONTRE LUI...

GLUPS

•••

•••

LA LA LA LA LA LA

•••

HMM !!!

ALORS QUE JE NE SUIS MÊME PAS DU NIVEAU DE NARUTO ?

COMMENT POURRAIS-JE PARTICIPER À CET EXAMEN

•••

JE... NE PEUX PAS FAIRE ÇA...

JE •••

SALUT, SAKURA !!

LE LENDEMAIN...

SAKURA N'A PAS L'AIR DANS SON ASSIETTE...

C'EST ÉTRANGE...

TU N'SAIS PAS LIRE, OU QUOI !

AH BON ? C'EST LÀ QU'IL FAUT SIGNER ?

SA... SALUT, NARUTO...

...

BROUHAHA

VIE

ACADÉMIE DES NINJAS

SHINOBI

C'EST TOUT CE QUE TU SAIS FAIRE ? ET TU COMPTES TE PRÉSENTER À L'EXAMEN ?

TU FERAIS MIEUX DE RENONCER, PENDANT QU'IL EN EST ENCORE TEMPS !

STAP

S'IL VOUS PLAIT... LAISSEZ-NOUS PASSER !

TU M'ÉTON-NES !

CET EXAM', IL EST PAS FAIT POUR LES BLEUS COMME TOI...

HÉ HÉ

LA VACHE !

!!

HUNG!!!

301

SDAM

C'EST PAR GENTILLESSE QU'ON FAIT ÇA...

ÉCOUTEZ BIEN !

Y EN A D'AUTRES, QUI VEULENT ESSAYER ?

!!

BROUHAHA

APRÈS L'EXAMEN, Y A PLEIN DE TYPES QUI RENONCENT À DEVENIR NINJA... D'AUTRES SONT ESTROPIÉS À VIE... ON EN A VU DES TAS, DES GARS COMME ÇA !

L'EXAMEN DE SÉLECTION DES NINJAS DE CLASSE MOYENNE, C'EST PAS DE LA RIGOLADE ! ET VOUS POUVEZ NOUS CROIRE : C'EST LA TROISIÈME ANNÉE QU'ON SE PRÉSENTE !

C'EST VRAIMENT PAS UN TRUC DE GAMINS...

HE HE

SI VOUS NE RÉUSSISSEZ PAS UNE MISSION, SI UN DE VOS HOMMES SE FAIT TUER... EN TANT QUE CHEF D'ÉQUIPE, C'EST VOUS QUI DEVEZ EN RÉPONDRE !

ET PUIS, ÊTRE NINJA DE CLASSE MOYENNE, C'EST PAS MAL DE RESPONSABILITÉS. ÇA CORRESPOND AU GRADE DE COMMANDANT !

JE SUIS D'ACCORD AVEC CE RAISON-NEMENT, MAIS...

J'VOIS PAS CE QU'ON FAIT DE MAL, EN REFOULANT DÈS MAINTENANT, CEUX QUI, DE TOUTE FAÇON, N'ONT AUCUNE CHANCE DE RÉUSSIR...

QU'EST-CE QU'IL RACONTE ?

J'SAIS PAS...

C'EST AU 3e ÉTAGE QUE JE DOIS ALLER, PAS ICI !

STOP

...!

ALORS, DÉPÊCHEZ-VOUS D'ENLEVER VOTRE SUBTERFUGE D'ILLUSION ! ÇA NE PREND PAS...

... MOI, JE VAIS PASSER !

TU ES LE SEUL À AVOIR REMARQUÉ...

OH

QUELLE VITESSE !!
IL A RÉUSSI À
ANTICIPER LA
TRAJECTOIRE DE
LEURS COUPS, ET IL
S'EST INTERPOSÉ
ENTRE LES DEUX
POUR LES ARRÊTER !
INCROYABLE...!!

FLAP !

WHUP

POURTANT,
C'EST LUI
QUI ÉTAIT
À TERRE
LORSQUE
NOUS
SOMMES
ARRIVÉS...
ON NE
DIRAIT
PAS LA
MÊME
PER-
SONNE !

HE !

PFYUUU

QUELLE
CONCEN-
TRATION
DE CHAKRA
DANS SES
BRAS
!!

IL A
ARRÊTÉ
MON
COUP
DE PIED,
À MAIN
NUE...

174

OUI...
MAIS...

JE T'AVAIS DIT DE NE PAS DÉVOILER TA FORCE, POUR NE PAS ATTIRER L'ATTENTION SUR NOUS !!!

C'EST PAS CE QU'ON AVAIT CONVENU !!!

LES HÉMATOMES SUR SON VISAGE ONT DISPARU...

GASSH

OOH... NON !

POF

EUH...

TAP TAP

TAP

TU T'APPELLES SAKURA, C'EST ÇA ?

JE M'APPELLE ROCK LEE.

JE TE PROTÉGERAI JUSQU'À LA FIN DE MES JOURS !!

WHAM

SORTONS ENSEMBLE !!

CLIING

AHAH

KZOM

... HORS DE QUESTION !!!

C'EST COMPLÈTEMENT ...

TU ES TROP POILU...

QUEL EST TON NOM ?

HÉ, TOI...

STAP

AVANT DE ME DEMANDER MON NOM, TU POURRAIS PEUT-ÊTRE COMMENCER PAR TE PRÉSENTER ...

C'EST PAS VRAI ! VOILÀ QUE ÇA RECOMMENCE ! IL N'Y EN A QUE POUR SASUKE !!

GRRLL ΠΙΓ

FRRL ΠΙΓ

RIEN NE M'OBLIGE À TE RÉPONDRE ...

TU ES UN BLEU, PAS VRAI ? T'AS QUEL ÂGE ?

FUFU... IL EST TROP MIGNON !

AAAH ! PERSONNE NE FAIT ATTENTION À MOI !

Pfff

CET EXA- MEN !!!

ET BEN... C'EST UN JOLI RAMAS- SIS DE MUTANTS

OUAIS!!!

HÉ HÉ HÉ...
VOICI CE QUE
DONNENT LES
ÉLÈVES FAVORIS
DE GAÏ ET CEUX
DE KAKASHI...
ILS ONT PASSÉ LA
PREMIÈRE ÉPREUVE, IL
NE LEUR RESTE PLUS
QU'À ALLER DÉPOSER
LEUR FORMULAIRE
D'INSCRIPTION...

ВОНН

POF

ALLEZ !
SASUKE !
NARUTO !
NE PERDONS
PAS DE
TEMPS !

L'EXAMEN
DE CETTE
ANNÉE
PROMET
BEAUCOUP
...

HÉ HÉ

MÊME
POUR
NOUS,
EXAMINA-
TEURS...

...

LEE !
QU'EST-CE
QUE TU
FAIS ?
ON Y VA !

N'ME
TIRE PAS
COMME
ÇA !

HÉ HÉ HÉ

ZOOM

IL Y A UNE CHOSE DONT JE VOUDRAIS M'ASSURER...

PARTEZ DEVANT, JE VOUS REJOIN-DRAI...

!

HÉ ! TOI, AVEC LE REGARD HAUTAIN !

UN PRO-BLÈME ?

GYA !!!

!!

!!

ICI ! ET MAINTENANT !

JE TE LANCE UN DÉFI !

ASSASSINATION CLASSROOM

LA CLASSE QUI TUE !

ASSASSINATION CLASSROOM

YŪSEI MATSUI

1

version française

www.kana.fr

SÉRIE FINIE EN 21 TOMES.

Un shonen culte et délirant!

Dans un Japon où les extraterrestres
ont imposé leur loi et interdit le port du sabre vit
Gintoki, samouraï indépendant, mais qui n'est pas
le dernier quand il s'agit de rigoler un bon coup !
Pris à tort pour un terroriste, il sera traqué par les
forces de l'ordre et embarqué malgré lui dans de
passionnantes aventures !

Gintama – Shonen Kana – 71 tomes disponibles

from japan

Le mot d'ordre de l'équipe Kana depuis sa création a toujours été l'interactivité avec les lecteurs. Lorsqu'en décembre 2000 le site www.mangakana.com ouvrait ses portes, c'était un grand pas vers le dialogue qui était franchi : grâce au forum, au "chat" et aux mails, le contact devenait direct et encore plus rapide.

Rendez-vous incontournable des bavards, le site de la rédaction a aussi une originalité, "from japan" : un billet d'humeur informatif écrit en live depuis le Japon et bourré d'informations exclusives.

Nous vous en présentons un extrait bien qu'il ne s'agisse pas cette fois d'un billet d'humeur sur l'actualité au Japon mais d'un article d'information pour tous ceux que la langue japonaise intrigue! Qui sait si certains d'entre vous n'auront pas envie ensuite de se lancer dans l'apprentissage de cette difficile langue...?

Tout fan de manga a, un jour ou l'autre, eu l'envie d'en savoir plus sur cette langue faite de sonorités inconnues et de signes aussi bizarres que mystérieux. Nous allons essayer aujourd'hui de lever un coin de l'épais voile sur cette culture de "l'autre bout du monde".

insatiable curiosité

À une époque où "manga traduit" ne connaissait pas encore de pluriel, la seule solution qu'il restait aux "mordus" de japanimé & co était de se tourner vers les versions originales, qu'elles soient sur papier ou sur bande vidéo. Si regarder toutes les O.A.V.* des "Chroniques de la guerre de Lodoss" en japonais est certainement très efficace pour faire travailler son imagination, cela n'en suscite pas moins une grande frustration née de l'incompréhension de 98 % des dialogues (les 2 % représentant les quelques "oui" et "non", "arigato" et "sayonara" prononcés par les personnages).

Réaction identique à la lecture d'un volume en japonais du manga de "Video Girl Ai" : on peut accepter de passer 180 pages à s'émerveiller sur le coup de crayon de Masakazu Katsura sans rien comprendre à l'histoire mais il est tout de même difficile de se résigner à "lire" les 15 volumes de cette façon.

*O.A.V. : Original Animation Video

Plusieurs choix se présentaient alors aux fans de l'époque. Le premier, le plus simple et non le moins coûteux était de se tourner vers les versions américaines : certes le problème de la langue restait, mais il est évident que l'anglais est tout de même plus abordable que le japonais pour les francophones que nous sommes. En contrepartie, il fallait être prêt à payer environ 4 euros pour 30 pages de mangas formatés comics et ne pas être gêné par d'envahissantes onomatopées typiquement américaines.

Le deuxième choix était de se trouver au plus vite des amis japonais suffisamment ouverts d'esprit pour ne pas trop s'inquiéter de voir des francophones adorer une partie de leur culture qu'ils pensaient inexportable et, surtout, suffisamment patients pour accepter de lire 19 volumes de "Yuyu Hakusho" après être passés par 35 "City Hunter" et 42 "Dragon Ball"…

Enfin, le troisième choix, celui que l'on qualifie, selon le point de vue, de choix des puristes, de voie royale ou encore de chemin des fous : décider d'apprendre le japonais.

folie douce

C'est ainsi qu'au début des années '90, l'éditeur de la méthode Assimil "Le japonais sans peine" a vu ses ventes exploser et que les deux grandes universités parisiennes enseignant le japonais (Paris III - Jussieu et Paris IX INALCO - Institut National de Langues et de Civilisations Orientales) ont vu soudainement leurs inscriptions d'étudiants en première année passer du simple au double voire davantage. Événement sans précédent dans l'histoire de ces deux établissements! Il est facile d'imaginer la réaction des enseignants plus habitués jusqu'alors à voir assis sur leurs bancs des passionnés de Mishima et Kawabata, dignes représentants en Europe de la littérature japonaise, que des fans de Toriyama, Kurumada ou Hojo.

Toutefois, il n'y a pas de bonnes ou de mauvaises raisons de vouloir apprendre le japonais, tous suivent les mêmes cours, passent les mêmes examens, sont soumis aux mêmes difficultés et les résultats obtenus sont le seul critère de jugement pris en compte. Le japonais, sans être la langue la plus difficile du monde, n'en est pas pour autant la plus facile. Le nombre d'étudiants au départ et celui à l'arrivée est considérablement différent : d'année en année, le nombre d'élèves par classe se réduit pour ne compter en fin de deuxième cycle (niveau maîtrise) qu'un maigre nombre de 80 inscrits. Précisons que le nombre d'inscrits en première année se situe dans une tranche allant de 500 à 800 élèves.

Cette élite finale, qui est-elle? Sont-ce 80 fans de mangas et de japanimation? Les professeurs desdits établissements s'accordent à dire, qu'en dehors de quelques exceptions, les fans de mangas ne dépassent malheureusement pas le stade de la deuxième année.
Lorsqu'ils n'ont pas abandonné en cours de première année. Si on peut y voir un quelconque sous-entendu (ils passent leur temps à lire des mangas et n'ont donc pas le temps de travailler sérieusement), il n'y a là aucune discrimination anti-otakus*, vraiment aucune. C'est simplement le fait qu'aimer les mangas ne rend pas l'apprentissage de la langue plus facile et que fan ou pas, on doit faire preuve de volonté, de détermination et de patience. Les règles sont les mêmes pour tout le monde.

*Otaku : à l'origine, "otaku" un terme japonais désignant les personnes qui ont une passion monomaniaque. Par dérivation, en français, le terme désigne les fans inconditionnels de mangas et de dessins animés japonais.

quelles sont les difficultés de la langue japonaise?

Nous n'avons aucunement l'intention de faire ici un cours d'initiation au japonais. Nous allons simplement essayer de vous en présenter les difficultés afin que ceux qui seraient tentés de s'y mettre sachent plus ou moins à quoi s'attendre. En dehors du fait que pour toute chose que l'on commence, sans connaissance préalable, il est indispensable d'être très motivé et volontaire, quelles sont les difficultés concrètes du japonais? On peut considérer quatre phases distinctes qui revêtent chacune leurs propres difficultés : lire, écrire, parler, comprendre.

1) lire

Une des particularités du japonais est d'être une langue composée de plusieurs systèmes d'écriture : deux syllabaires japonais (katakana et hiragana ; 49 de chaque) et des idéogrammes (kanjis ; plusieurs milliers). Ajoutez à cela la présence de l'alphabet occidental qui vient se mêler aux phrases ici et là, et vous obtenez un joli méli-mélo…

S'il ne vous faudra pas plus de 3 semaines pour arriver à retenir les deux syllabaires hiragana et katakana, c'est une tout autre affaire pour les kanjis. En effet, chaque caractère comporte généralement plusieurs lectures qui varient en fonction de l'emploi. C'est de là que vient la principale difficulté de la phase de lecture.

Prenons un exemple : la mer se dit **"umi"** lorsque le caractère est employé seul. L'extérieur se dit **"soto"**. Les deux caractères juxtaposés se prononcent **"kai gai"** (et non **"umi soto"**) et signifient "les pays étrangers" (dans le sens d'une phrase du type : je vais à l'étranger). Lorsqu'on apprend un caractère, il faut donc apprendre plusieurs lectures et plusieurs emplois possibles dans des mots composés. Une des fonctions des hiragana est de servir de système phonétique : pour s'y retrouver dans toutes ces manières de lire, on peut mettre au-dessus du caractère concerné, sa prononciation. C'est le cas des ouvrages destinés à un large public ou encore à un public non encore parfaitement habitué (les enfants notamment).

umi

soto

kai gai

Les mangas en sont le meilleur exemple : les hebdomadaires à gros tirage ("Weekly Jump", "Shonen Sunday") comportent tous des kanjis accompagnés de leur lecture en hiragana. Bien entendu, lorsque le lectorat est plus adulte, ces hiragana disparaissent (comme dans le "Comic Bunch", le nouvel hebdomadaire dans lequel est publié "Angel Heart" de Tsukasa Hojo). La plupart du temps, les katakana servent, quant à eux, à écrire des mots étrangers (des noms de pays ou de ville : par exemple la France) ou des mots empruntés à une langue étrangère (le pain).

France

pan (pain)

C'est donc la multiplicité de ces lectures et de ces sens qui rend la lecture du japonais compliquée. 1945 : c'est le nombre de kanjis usuels nécessaires à une connaissance de base du japonais, selon des critères établis par le ministère de l'Éducation japonais.
Seuls le temps et la patience permettent d'arriver à un résultat efficace. Au fond, cela n'a rien de sorcier, c'est juste un exercice, long, très long.

2) écrire

Chaque caractère s'écrit d'une manière très précise : le nombre de traits que chacun compte est invariable et l'ordre dans lequel ils sont tracés est tout aussi immuable. Les règles de base assimilées, tracer des caractères ne présente pas de difficulté particulière. Comme pour la lecture, l'écriture est une histoire d'entraînement et de mémoire. Pour retenir un caractère, une des méthodes consiste à le dessiner des dizaines et des dizaines de fois sur une feuille de papier jusqu'à ce que le mouvement de la main prenne le pas sur la réflexion que nécessite le tracé des traits.
En d'autres termes, jusqu'à acquérir un automatisme.

3) parler

C'est certainement la phase la plus "facile". Comme pour une autre langue, il ne faut pas avoir peur de se tromper, ne pas oublier que le ridicule ne tue pas et bien écouter ce qu'on vous dit.

Inutile de vous dire que ce n'est pas sur cette phase que les enseignants mettent l'accent en général. Vous pouvez être un très bon élève à l'université, obtenir une licence voire même une maîtrise, cela ne constituera pas un gage de votre capacité à parler japonais. Dans les universités, sur une vingtaine d'heures de cours, un dixième seulement est consacré à l'apprentissage de la langue orale. Mais chacun est libre d'aller aborder les touristes japonais qui fourmillent dans nos capitales, histoire de mettre en pratique tous ces mots qui résonnent dans les oreilles.

Après la théorie des cours de japonais, rien ne vaut la pratique et nul doute qu'après quelques mois passés sur le sol japonais, vous saurez demander votre chemin, expliquer d'où vous venez et comment vous avez fait pour vous perdre dans les rues de Tokyo…

4) comprendre

Probablement la phase la plus difficile. Si notre imagination nous permet de deviner une partie des mots dans une conversation, il y a quand même des limites. Il est donc nécessaire de connaître un minimum de vocabulaire, que l'on devra se sentir toujours prêt à enrichir à la moindre occasion. Si vous en avez la possibilité, travaillez votre oreille : musique, films, dessins animés, etc., ce n'est pas ce qui manque. Vous y trouverez toujours un mot que vous aurez appris, des mots "bizarres" qui attiseront votre curiosité et que, par conséquent, vous retiendrez en un clin d'œil. N'oubliez pas non plus que chaque personne a sa propre façon de parler, son propre vocabulaire. Plus vous vous confronterez à des personnages différents, plus vous apprendrez.

Voilà. Nous en avons fini avec cette très brève présentation de l'apprentissage du japonais. Vous vous doutez bien qu'il n'y a pas de méthode miracle pour apprendre cette langue en 3 jours.
Malgré tout, la persévérance sera votre meilleure alliée si c'est une de vos qualités. Très important également : la régularité. 15 minutes par jour seront plus efficaces que 3 heures par semaine. Il n'y a aucun doute. Si vous avez 12 euros environ à investir, procurez-vous le premier volume de la méthode Assimil : même si elle est assez compacte et ne garantit pas vraiment que, grâce à elle, vous parveniez à apprendre le japonais, elle répondra aux nombreuses questions que vous pouvez vous poser.

On est toujours tenté de penser que le plus rapide est d'aller faire un long séjour au Japon pour devenir bilingue en "deux temps trois mouvements". Pourtant, les choses ne sont pas aussi simples : la langue japonaise est très hermétique et aller habiter au Japon sans avoir au préalable acquis les bases grammaticales et un minimum de vocabulaire vous apportera beaucoup de frustrations et peu de gratifications. On ne peut pas prétendre parler japonais lorsque l'on sait dire "j'ai faim", "j'ai soif" et "où sont les toilettes?", c'est-à-dire ce que la plupart des étrangers savent dire après un an passé au Japon. Ce n'est pas nouveau, l'immersion totale (dans une famille d'accueil par exemple) est la méthode la plus rapide et la plus efficace. Lorsqu'on n'a plus le choix entre le français et le japonais, c'est étonnant les progrès que l'on peut faire…

Quoi qu'il en soit, si vous avez conscience que c'est une longue route que vous avez choisie, rien ne pourra vous décourager. On n'a jamais fini d'apprendre une langue! Vous apprendrez alors à savourer vos petits "succès" qui sont autant de petites autosatisfactions : un titre de manga que vous arrivez à lire en V.O., une résolution d'enquête de Conan que vous comprenez… L'apprentissage du japonais n'est pas ingrat. Plus nous travaillons, plus il nous le rend!

v.o. ou v.f.?

Parler de l'apprentissage du japonais nous donne l'occasion de poser une question sur laquelle les avis sont souvent très partagés. Préférez-vous les dessins animés en version française ou en version originale sous-titrée? Voilà un sujet digne du forum!

Il ne fait aucun doute qu'une personne maîtrisant bien le japonais choisira indéniablement la V.O.S.T. : le texte original, appuyé par des sous-titres utiles pour les passages plus difficiles. Mais qu'en est-il de quelqu'un pour qui le japonais est aussi "clair" que du chinois…? À priori, on peut se dire que la V.O., c'est toujours mieux, mais on oublie souvent de prendre en compte les contraintes d'espace et de temps auxquelles les sous-titres sont soumis. Il est impossible, techniquement, de sous-titrer tout ce que disent les personnages et au bout du compte, une version sous-titrée devient très souvent une version adaptée. Beaucoup d'informations sont perdues entre le dialogue original et le texte qui défile.

Quant à la V.F., malheureusement, elle n'est pas toujours très réussie : des comédiens débutants à ceux qui surjouent ou transforment le texte à leur gré, l'histoire du doublage de dessins animés japonais est parsemée d'horreurs et de boulettes diverses au point qu'on a du mal à ne pas avoir d'appréhension à chaque annonce d'une nouvelle sortie en V.F. Pourtant, il y eut aussi de grandes réussites : de "Cobra" aux "Mystérieuses Cités d'or" en passant par "Sherlock Holmes", ce ne sont finalement pas les bons exemples qui manquent.